Reise zu mir

Spiegelberg Verlag

Reise zu mir
Lyrische Gedanken und Bilder
Autor: Karl Krüger

Erste Auflage
© 2008
Alle Rechte vorbehalten

Verlag:
Spiegelberg Verlag | Postfach 1212 | D-16271 Angermünde
Web: http://www.spiegelberg-verlag.de
e-mail: info@spiegelberg-verlag.de

Autor:
Karl Krüger | Am Süßen Grund 8 | D- 16278 Angermünde OT Stolpe

Layout, Satz, Fotos, Umschlaggestaltung:
Die Marktfotografen | Markt 3 | D-16278 Angermünde
Elisa Frenzel & Stefan Bretschneider
Web: http://www.marktfotografen.de
e-mail: info@marktfotografen.de

Druck:
Druckerei Nauendorf | Nordring 16 | D-16278 Angermünde

Printed in Germany

ISBN 978-3-939-043-02-7

Karl Krüger

Reise zu mir

Lyrische Gedanken und Bilder

Die Liebe hat uns getragen und erfüllt.

Für Edith

Auf ein Wort

Eines Tages im Spätherbst des Jahres 1999 meldete sich aus der weit entfernten Uckermark mein alter Freund Karl Krüger. Er habe einige Gedichte geschrieben und würde gern meine Meinung dazu hören. Ob er sie mir vorlesen dürfe... Meine Überraschung – zunächst von der Tatsache, dann aber mehr noch vom Gehalt der kleinen Texte – war groß. Weniger allerdings verwunderten mich Ernsthaftigkeit und Fleiß bei der Suche nach klarer Form und Prägnanz, dem Erproben und Finden neuer Ausdrucksmöglichkeiten durch die Sprache.

Von nun an erhielt ich wiederholt einen dicken Brief mit der Bitte, die darin enthaltenen Gedichte auch auf sprachliche Korrektheit durchzusehen – Karls bekannte, ungebrochene Kreativität hatte sich „lediglich" ein neues künstlerisches Mittel erschlossen.

Aus dieser ersten Zeit findet sich ein schönes Gedicht mit dem Titel *Strukturen* in der Frankfurter Edition *Gedicht und Gesellschaft* aus dem Jahre 2001. Darin beschreibt er mit dem Blick eines sensiblen, sehr genauen Beobachters ein Strandbild; er hätte es ebenso zeichnen können mit den geübt-gekonnt feinen Linien, die in vielen seiner Grafiken den Atem anhalten lassen, sich aber bald als Wegweiser offenbaren und zu einem Spaziergang in das Bild einladen, auf dem es immer wieder Neues zu entdecken gibt.

Nun beschenkt er sich und uns vor seinem 85. Geburtstag mit einem Buch. Schon ein erster, flüchtiger Blick hinein wird zum Augenschmaus: wunderschöne Landschaften in einer Farbintensität und – sensibilität, meisterhaft in Szene gesetzt von jemandem, der nicht nur sein Handwerk beherrscht, sondern in und mit der Kunst lebt. Nicht aber um der Kunst willen.

Wir staunen über die Vielfalt der künstlerischen Gestaltungsmöglichkeiten, die er uns eindrucksvoll vorführt. Einmal schwelgend, aus dem Vollen schöpfend, dann wieder suchend nach Form, Farbe und Duktus – großzügig hier, um äußerste Präzision bemüht dort – erscheint uns der Künstler Karl Krüger stets als ein anderer. Auch wenn man ihn längst zu kennen glaubt!

Wie bei seinen Bildern, so spricht auch der Autor Karl Krüger „in allen Sprachen": naiv-fröhlich, märchenhaft-romantisch, witzig-skurril, pointiert bis hin zum mahnenden Appell. Und wer glaubt, er habe über die Liebe doch schon so viel gelesen, auch der wird innehalten.

Berührend in ihrer sprachlichen Schlichtheit sind die Verse, in denen wir von gereiften, tiefen Gefühlen lesen dürfen; vom Glück, endlich eine wirkliche Partnerin gefunden zu haben – und damit auch sich selbst. Nahezu tonlos der Schmerz über ihren so frühen Tod...

Ja, der Mensch Karl Krüger hat viel gesehen auf seiner (Lebens-)Reise, viel erlebt und durchlitten.
So enthalten seine *Gedankensplitter* nicht nur persönliche Einsichten, sondern werden zu wahren Lebensweisheiten, wie beispielsweise: „Zwischen zwei Augenblicken kann die Ewigkeit liegen." oder „Treue ist kein Wahn, sondern die höchste Form der Zuwendung." oder „Die weiteste Reise ist die zu sich selbst."

Dass er uns mit seinem schönen Buch zu Reisegefährten werden und uns erkennen lässt, wie lohnend diese Reise ist – wann immer auch wir sie antreten – , verstehe ich als ein zusätzliches wertvolles Geschenk.

Möge es den Weg in viele Hände finden!

Iris Fenrich
Februar 2008

Mein Zug

Ich musste durch lange dunkle Tunnel,
steinige Strecken durchholpern.
Helle, freundliche Landschaften
sah ich wenig.

Vielleicht war mein Lebenszug
zu lang – zu schwer.
Beladen von all dem
Zivilisationsmüll auf der
Straße der Zeit und in
meinem Kopf.

Ich musste rigoros abspecken,
abkuppeln.
Zur Zeit fahre ich auf der
Lokomotive mit
einem Miniwaggon.
Bestimme selbst, wo ich halte,
wo ich aussteige.

*☙ Glücklichsein wird uns
nicht geschenkt,
wird im Herzen geboren,
strahlend gemacht.
Der Kopf schafft uns
die Möglichkeit. ☙*

Meine Seele verloren

Ich habe meine Seele
aus den Augen verloren –
irgendwann, irgendwo.
Meine Gespräche blieben
an der Oberfläche.
Es fehlte ihnen an Tiefe,
an Mitgefühl.
War absolut, anmaßend.
Hörte nicht auf Zwischentöne.
Sprang von einem
Gedankenzipfel zum anderen
und ließ die
echten Gefühle
einfach liegen.
Da habe ich meine Seele verloren.

Mensch, begreife

Du bist nur ein Winzling
im Prachtbau der Natur.
Ein lästiger Parasit.

Verpestest ihren Atem!
Vergiftest ihr Wasser!
Vernichtest ihre Wälder!

Willst alles besser wissen,
ihre Geheimnisse ergründen.
Die letzten löst du nie.
Bringst nur alles durcheinander,
treibst unerbittlich deinem Ende zu.

Winzling du,
gib Ruh'.
Sei mit wenig zufrieden.
Übe dich in Demut.
Die Natur ist allmächtig!
Und du?
Du bist nur ein Winzling:
Gib Ruh'!

*❦ Leuchtende Herbstlichter,
Farbenspiel!
Neidischer Maler!? ❦*

Oh, dieses Blau!

Kann es nicht mehr sehen,
nicht mehr aushalten.
Dieses Blau!
So kalt,
dass es mich bis ins Mark gefriert,
meinen Körper peinigt,
meine Seele ertrinken lässt.
Blaue Mystik starrt mich an.
Bin ohnmächtig, mich zu wehren.
Oh, dieses Blau,
dieses peinigende Blau.

Überall nur Blau.
Kein Wölkchen.
Ziellos irren meine Blicke,
finden keinen Halt.

Licht!

Was passiert,
wenn nichts passiert?
Dann ist es passiert.

Wir stehen im Dunkeln,
rufen nach Licht.
– Vergessen;
wo ist sie,
die Tür?

Bereuen hilft nicht.

Suchen!

Wintertag

Schwer lastend liegt
der Schnee auf den Bäumen.
Sie neigen sich zueinander.
Gotische Portale,
die ich durchschreite.
Lautlos
rieselt der Schnee!

Andächtige Stille!
Weiße, unberührte Weite.
Bin eins
mit der Natur.

Zurück bleiben
meine Fußspuren.

*☙ Zwischen zwei Augenblicken
kann die Ewigkeit liegen. ❧*

Zartes Grün

Die riesige wärmende Herbstdecke,
schneeweiß lasiert,
liegt noch schützend auf dem Land.

An einigen Stellen sind
dunkle Flecken zu sehen.
Werde an Lochstickerei erinnert,
an Omas geniale Decken.

Schaue genauer:
Zarte Grashälmchen,
gelblich grün gefärbt,
schieben sich
aus ihrem warmen Bett.

Ich richte mich auf.
Überall grüne Augen
in weißer Lochstickerei.

Inseln der Hoffnung.

Die Natur atmet

Ein Frühlingshauch
von zartem Grün
zeigt schüchtern
seine Spitzen.

Grün ist die Farbe der Ruhe,
der Hoffnung,
der Besinnlichkeit.

Die Starre des Winters ist
in Bewegung des Frühlings
übergegangen.
Überall Aufbruch.

Ich recke mich.

Schwäne

Es ist Zeit!
Wärmere Gefilde locken.
Sie
keilen die Luft.
Einer im Windschatten des Anderen.
Man hört sie kommen:
rhythmischer,
singender
Flügelschlag.
Melodie der Freiheit.

Bleib stehen!
Lass Besinnlichkeit zu.
Erfreu dich
am Anblick
der stolzen,
der weißen Schönen,
der Harmonie
von Bewegung und Kraft.
Spür den Atem
der Natur.
Flieg mit!

Nur
einen Wimpernschlag lang.

❧ Pech!
Mein Herz zerspringt vor Freude.
Oh je, und nicht versichert ❧

Flut

Wasser,
Wasser – sintflutartig –
frisst sich unaufhaltsam vorwärts.
Reißt alles mit!
Reißt alles nieder!
Hebt die Erde gar.

Angst,
nackte Angst
steht in den Augen.
Erstickte, verzweifelte Schreie.
Der Tod sitzt uns im Nacken.

Tief schleppend
hängt der Himmel im Wasser.
Wenig Hoffnung,
auf den Grund gespült.
Eine Tragödie überzieht das Land.
Licht!

Wo ist Licht?

Manche Begegnungen

verlaufen
wie die
von Wasser und Sand:

Kaum berührt,
wieder getrennt.
Zerronnen, aufgesogen,
verlaufen.

Heute?

Ich will's nicht hoffen!

Meine Bank

Suchte nicht –
fand:
Auf einmal war sie da.
Abseits vom Weg,
versteckt.
Eingekuschelt zwischen
blühenden, duftenden Sträuchern.

Stand vor ihr.
Sie war nicht mehr die Jüngste.
Nicht ganz intakt,
etwas krummbeinig.
Stabil genug,
mich einzuladen.

Sie zog mich an.
Spürte ein Gefühl von Vertrautsein.
Setzte mich.
Genoss die Ruhe!
Wusste:

Hier ist mein Platz.
Hier kann ich mich
fallen lassen.
Werde aufgefangen.
Fühle mich geborgen
Träume grenzenlos!
Atme befreit die Weite!

Auf meiner Bank!
Auf meinem Beichtstuhl!
Auf meinem Wolkengleiter!

Warten

Hängt nicht ein Apfel
so lange am Baum
bis er reif ist?
Köstlich, ihn zu essen.
Wir
jagen
ständig dem Glück hinterher,
statt es in Ruhe
reifen zu lassen,
zu fühlen,
wie es in uns wächst –
Sehnsucht
uns Flügel verleiht,
Kraft gibt,
hoffen lässt.

Jeder Gedanke,
jedes Gefühl
ist ein Hauch von Zeit.
Warten kann Glück sein.

Ich sah sie!

Das erste Mal:
Auf Hiddensee.
Ein Augenblick,
nicht länger
als ein Atemzug.

Ich sah sie!
Das zweite Mal:
Guten Tag!
Eine angenehme
Erscheinung.
Höflichkeit.
Auf Wiedersehen!

Ich sah sie!
Das dritte Mal:
Angekündigt.
Vorbereitet.
Gedanken
kreisen mich ein.
Kein Entrinnen.

Ich sah sie!
Das vierte Mal:
Leichtfüßig
trat sie
in meinen Kreis.
Ihr Blick
streifte mich nur kurz.

Ich sah sie!
das fünfte Mal:
Spürte
ihren Händedruck.
Fest und warm.
Etwas länger
als üblich.

Hörte eine
angenehme Stimme.
Sah Augen,
lebhaft,
direkt,
freundlich.

Ich sah sie!
Das sechste Mal:
Sie kam
mit dem Rad.
Ein Frühlingstraum
in Blau.
Verführerisch.
Unternehmungslustig.
Denken?
War vorbei!

Ich sah sie!
Das siebente Mal:
(Meine Glückszahl)
Mein Herz
sprang auf
wie eine
reife Knospe.
Und nun?
Es bleibt:
Ihr Streicheln auf meiner Haut
und echte Ostseebräune.
Abschied!
Der Dampfer legt ab.

Die See ist golden.
Kostbarer:
Meine Erinnerungen.
Im Gepäck –
ihr Bild.

Gefühl

Sie umschlingen sich fast.
Ganz fest.
Eng gepresst.
Hautklebend.
Kein Gedanke passt
dazwischen.

Nur –
nur

Gefühl!

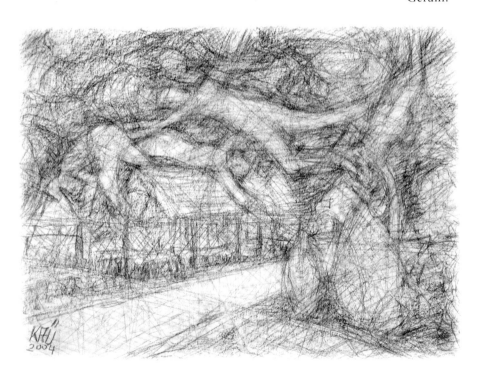

Deine Augen!

Deine Augen
sind mein Gewissen.
Sehe sie
vor mir.
Fühle sie
in mir.
Sie begleiten
mich ständig,
zu jeder Stunde –
in jedem Augenblick.
Sie sprechen
mit mir.
Gebe
ihnen Antwort.
Fühle mich
nicht beobachtet.
Seit heute –
heute Nacht –
empfinde, begreife
ich mich neu.
Anders!
Fühle
tiefer, inniger.
Fange an,
in mir zu ruhen –
ohne stillzustehen,
offen und liebend,
das Leben
zu begreifen.
Auch jetzt,
in diesem Moment,
schaust du mir
über die Schulter.

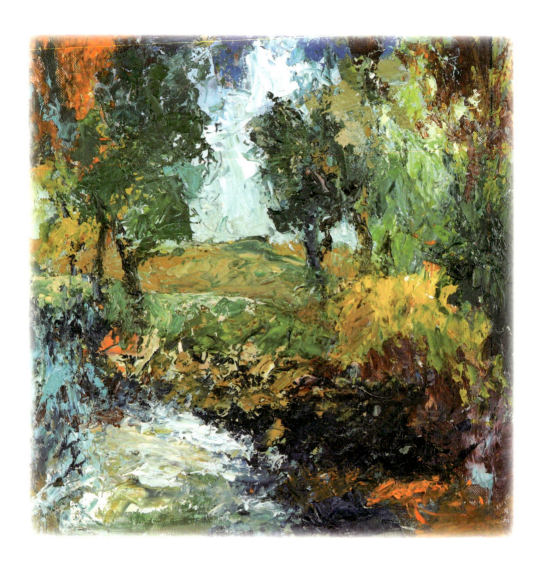

Pfütze

Trat in eine große Pfütze.
Beschmutzte mich.
Bückte mich,
um zu säubern,
verstimmt über die Flecken.
Sah mein Spiegelbild:
gereizte Gesichtszüge.
Erschütterungen bewegten
das Wasser,
wellten es.
Mein Spiegelbild machte mit.
Skurile Formen.
Sah genauer hin.
Eigenartiges geschah.
Neben mir
trat aus dem Dunkel
der Pfütze
ein Gesicht hervor:
Klare Augen,
ein verschmitztes Lächeln
nahmen mich gefangen.
Woher?
Eine Halluzination?
Ein Schicksalswink?
Erschrocken sah ich mich um.
Nichts!
Rein gar nichts!
Schaute zurück.
Die gelbe Wasserlache
lag still da.
Nur mein ungläubiges Gesicht
schaute mich zweifelnd an.
Zögernd richtete ich mich auf,
setzte meinen Weg fort.
Meine Gedanken hingen
noch in der Pfütze.
Ein Schicksalswink?

Schmerz

Langsam kriecht er hinauf –
der Schmerz.
Gallebitter der Saft, der
Leben aufbereitet.
Leben nimmt.
Regiert nach seinen Gesetzen.
Unabhängig!
Ignoriert unseren Willen.
Ich muss damit leben!

Unabänderliches
ist nicht
Schwäche,
heißt nicht
Aufgeben,
sondern:
Einen neuen Lebensansatz
bestimmen!

Danach

Tropfen fallen unhörbar
in ein Nichts.
Mein Herz weint!

Liege wach – dritte Nacht!
Fühle meinen Körper nicht.
Schmerzliche Spannung in mir.
Entschwebe dem Krankenzimmer.
Schwebe!

Glutrot der Himmel.
Schwarzer Vogel kommt näher.
Sein kühler Flügelschlag
tut mir gut.

Heute Nacht fallen viele Tropfen.
Unhörbar!

Mein Kopfkissen ist feucht.

*☙ Schande über den,
der winklig denkt.
Und leichtgläubig
Seelen verführt. ❧*

Ein Zentimeter

Ich sehe in einen Schlund.
Nur noch ein Zentimeter.
Vor mir ein graues Nichts.
Nur noch ein Zentimeter.
Ich blicke nach oben:
Blauer, unschuldiger Himmel.
Nicht bewegen!
Nur noch ein Zentimeter.
Nehme alle Kraft zusammen.
Nur noch ein Zentimeter.
Drehe mich,
falle, falle …,
falle aus meinem Traum.

Kein Zentimeter.

❧ Lange, dunkle Nächte machen mir Angst.
Träume plagen meine Seele.
Helligkeit hebt mich in den Tag. ❧

Letzter Sturm

Der letzte Sturm hat`s vollbracht.
Blankgebürstet
auch die letzten Bäume.

Jetzt

sind sie kahl.
Das bunte Herbstkleid
liegt geblättert,
fahl geworden auf dem Boden.

Jetzt

ist alles grau.
Eine triste Stimmung
kriecht übers Land.
Dick zugezogen der Himmel.

Jetzt

hängt
nur noch meine Seele
hilflos
in den Zweigen.
Findet keine Ruh.
Kein Blatt wärmt sie
und keine Farbe.

Jetzt

muss sie leiden.

Abgesang

Liebe ich dich?
Liebe ich dich wirklich?
Liebe ich dich nicht?

Kann Freundschaft nicht mehr sein?

Liebe ich dich?
Liebe ich dich wirklich?
Liebe ich dich nicht?

Was weiß denn ich!
Aber: Geh von meiner Seele,

du tust mir weh!

*❧ Die Langeweile ist eine temperamentlose Geliebte.
Lass sie nicht in dein Haus, schon gar nicht in dein Bett.
Sie vertreibt die Leidenschaft und den Kitt der Liebe. ❧*

Freundschaft

Zerbröselt ist das Wort
in meinem Kopf.
Das Herz verkrampft.
Lässt sich nicht belügen.
Die Stimme streikt.

Verschlossen bleibt mein Mund.

Erinnerungen

Manchmal spiele ich mit
meinen Erinnerungen Fußball.
Kicke hin und her,
kreuz und quer.
Jage sie erbarmungslos
über das Spielfeld meines Lebens.

Warum gehe ich so erbarmungslos
mit meinen Erinnerungen um?
Sind sie mir nichts wert?
Belasten sie mich?
Habe ich Angst,
ihnen ins Auge zu sehen?

Jubeltore in meinem
persönlichen Fußballspiel.
Sie geben mir Kraft und Ruhe,
befreien mich aus meinem wilden,
ziellosen Kicken.
Bereiten mir Freude auf
meinem Fußballfeld der
Erinnerungen.

Die Spielwiese meines Lebens,
ohne Erinnerungen wäre sie tot.
Ich kicke weiter,

aber nicht ohne menschliches Regelwerk.

*☙ Ein Segen für Mensch und Tier,
der jahreszeitliche Wechsel.
Einseitigkeit macht krank. ☙*

Was meinst Du?

Ist nicht alles anders?

Jetzt fahren wir auf den Schienen
der Globalisierung.
Wohin? - Wissen wir nicht.
Wissen nur, dass wir zum
Wandern verdammt sind.
Wir haben nur die Freiheit,
uns anzupassen,
unser Familienleben in
eine unsichere Warteschleife
zu schieben.

Alles ist anders!
War es nicht schon immer so?
Jetzt offensichtlicher?
Statt des sozial Gemeinsamen
kalter Egoismus.

Stimmt es nicht?
Die Reichen sitzen am gedeckten
Tisch der Gesellschaft.
Unter dem Tisch hocken die Armen
dieser Kummergesellschaft.

Ist das wirklich so?
Oder habe ich eine
verkehrte Brille auf?
Kann die Globalisierung
nicht auch der Blick
übern Tellerrand sein?
Mehr sehen, mehr wissen,
gemeinsam handeln.

Deine Meinung ist gefragt!

Weltgewissen

Viele, die oben ankommen,
reden die Vergangenheit klein.

„Nicht so wichtig.
Ein Ausrutscher. Verjährt."
Gehen zur Tagesordnung über.
Hoffen, dass kein Esel kommt
und die Vergangenheit sichtbar macht.

Sie sind Seiltänzer
ihres Gewissens und der Zeit.
„Aufklärung? Nein!
Die Nazizeit ein politischer Unfall."

Das Weltgewissen schläft nicht.
Die Zeit ist nicht blind,
drückt kein Auge zu,
vergisst nie!
Lässt nicht mit sich handeln.
Wir sind ein Teil dieses Gewissens,
müssen es nicht nur tragen,
sondern auch leben.

Wenn Du einem Menschen
auf die Füße getreten hast,
bist Du noch lange kein Hahn.
Dein Tritt ist nicht fruchtbar –
aber gemein.
Wie viele Gemeinheiten
hast Du in Deinem Leben
schon getan?

Schicksal

Es war ein
kleiner Regentropfen,
kam
von ganz oben,
schön geformt.
Jetzt ist er
platt!
Nur eine kleine
Pfütze
erinnert an ihn.
Was wird
an uns
erinnern?

*❧ Der wichtigste Augenblick
ist der erste. ❧*

Glockenspiel

Gefrorene Tropfen
an winterharten Gräsern.
Erstarrte Tränen der Natur.
Die Sonne lässt sie
hell erstrahlen.
Verträumte Landschaft,
winterlich geschmückt.
Sieh hin!
Bleib stehn!
Hör zu:
zarte Töne,
glockenreiner Eisgesang!

Gefrorene Tropfen
an winterharten Gräsern,
die schwingend sich berühren.

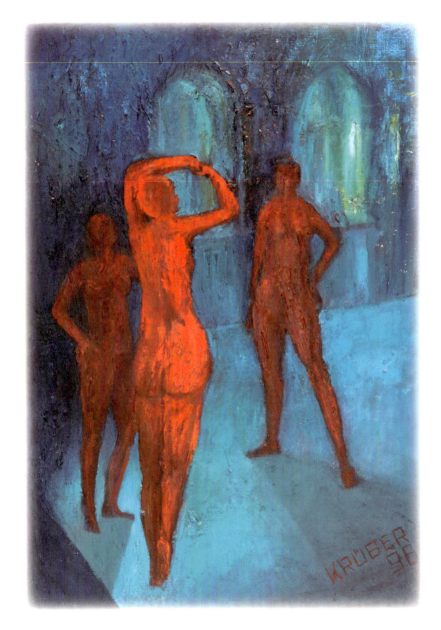

Tauwetter

Oh!
War das Eis dick, unter dem meine
Gefühle
eingefroren waren.

Wird je ein
Sonnenstrahl
es auftauen,
mein Herz ereichen?
Nicht nur meine Haut
berühren,
mich ganz erwärmen.

Heute !
Heute spüre ich
befreiende Wärme!
Langsam steigt sie hoch.
Taut mich auf.
Es prickelt.

*☙ Treue ist kein Wahn,
sondern die höchste Form
der Zuwendung. ☙*

Fassadenkletterer

Ich bestieg
meine eigene Fassade,
kletterte,
umkletterte,
sah, es ging!
Suchte,
oben,
unten,
nach allen Seiten.
Stellte fest :
Es bröckelte,
unzählige Risse.
Trotzdem :
Das Haus stand.
Kletterte,
suchte weiter,
mühte mich !
Prüfte,
flickte,
richtete,
hübschte es.
Nicht nur
Schadensbegrenzung.
Runderneuerung!

Der Strandläufer (Ein lyrisches Märchen)

Ich bin ihm begegnet, nicht alle haben das Glück. Plötzlich war er da, wie aus dem Nichts, begleitet von einem Rauschen, einem Grollen in dunstiger Sicht. Da stand er. Nur wenige Meter von mir entfernt. Nicht groß, doch kräftig, mit wallendem Haar.

Er trug eine Jacke aus Muscheln, die waren wundervoll geformt und schillerten in den Farben des Regenbogens. Welch eine Pracht!

Und erst die Hose! Gefertigt aus Tang und Seegras. – Es roch nach Meer; eingewoben Algen, Krebse, Quallen. – Ein Meisterwerk der Wassernixen.

Und der Gürtel! Der Gürtel, er war aus Bernstein. Helle, dunkle, kleine, große durchsichtige Harze. Wundersame Formen und Tiere aus der Urzeit, eingeschlossen für die Ewigkeit. Sie verliehen dem Gürtel etwas Exotisch-Magisches, ich spürte die Zauberkraft, die von ihm ausging.

Schuhe? Nein! Barfuß war er! Hatte riesige Füße, kraftvoll und schön anzusehen. Stand stolz und erhaben mir zugewandt. Er war mir nahe und unnahbar. Ich fühlte mich in seinem Bann.

Deutlich sah ich seinen Kopf. Er war bedeckt mit Korallen und Meerschaum. Durch diesen seltsam imposanten Kopfschmuck vagabundierte der Wind und brachte eigenartige melodische Töne hervor.

Seine faszinierende Erscheinung war umgeben von einem Pulk von Möwen. Einige saßen auf seinen Schultern, andere flatterten aufgeregt, erhoben ein fürchterliches Geschrei mit hohen, spitzen Tönen, die so durchdringend waren, dass sie das Wasser förmlich aufpeitschten.
Ein Sturm zog auf. Die Wogen wurden so gewaltig, dass ihre Schaumkronen bis an die tief ziehenden Wolken flockten.

Er stand in der hysterisch sich gebärdenden Natur wie ein ruhender Fels, an dem sich alles brach. Plötzlich machte er einen Schritt nach vorn, als ob er mir etwas sagen wollte. Sein Gesicht war ernst, faltig, gegerbt vom salzigen Seewasser. Seine Augen waren klar wie Bergseen, in die ich vertrauensvoll eintauchte.

Von einem Moment zum anderen legte sich der Sturm, die Natur hellte auf, die Wogen glätteten sich. Die Wolken verzogen sich wie ein Theatervorhang – und er war der Herr dieser Inszenierung!

Kurz bückte er sich. Die Hände zu einer Schale formend, tauchte er sie – beinahe feierlich – ins Wasser, führte sie langsam zum Mund, dann bedächtig weiter, ohne anzuhalten nach oben, wobei die Finger, einen winzigen Spalt öffnend, das Wasser freigaben. Kleine schillernde Perlen nahmen die Strahlen der scheidenden Abendsonne in sich auf.

Ich verstand diese Geste, sie war nicht nur symbolisch, sie war ein Auftrag. Er wollte mir zeigen, wie wichtig das Wasser für unser Leben ist.

So wie der Strandläufer gekommen war, verschwand er auch. Ein flüchtiger Fußabdruck blieb von ihm.

Auch der verschwand bei der nächsten Welle.

Hast du gesehen?

Die Sonne

ist ins Meer gefallen.

Sie war glutrot!

Ob sie Fieber hatte?

Dort

ist sie untergetaucht!

Ganz tief.

Wenn das man gut geht!

Das Wasser

hat nicht mal acht Grad!

Hoffentlich

lässt sie sich

morgen

nicht krankschreiben!

*ɔ Nebelschwaden.
Geistergestalten.
Der Herbst atmet. ɔ*

Der Traum

Liege warm am Busen der Nacht.
Träume mich zum Morgen.
Willig lass' ich mich verführen,
spiele halb wach mit.
Wünschte, der Traum
wäre Wirklichkeit.
Wage mich nicht zu bewegen.

Mein Leib riecht den Morgen.
Lasse ihn von den
Sonnenstrahlen küssen.
Drücke meinen Kopf
noch fester
in die Kissen.

Will doch wissen,
wie es ausgeht.

Begnadete Finger

Finger einer Klavierspielerin:
lang, schmal, feingliederig.
Kräftig ihr Händedruck.
Ich spüre sie.
Aufregend!

Gefühlvoll
gleiten ihre Finger
über die Tasten,
locken Töne hervor,
die ans Herz gehen,
seelische Tiefen und
Höhen fühlen lassen.

Bin verzaubert,
kann den Blick nicht
von ihnen lassen.
Werde angezogen.

Ein himmlischer Genuss,
von diesen begabten,
schönen Fingern
berührt zu werden.

Ach, könnte ich doch ihr Klavier sein!
Würde vor Seeligkeit nicht
schlechter tönen...

Pass auf!

Pass auf!   Schatten folgen dir.
             Du siehst sie nicht –
             aber ich.
             Ich kenne die Männer.
             Ich weiß um ihren Trieb.
Pass auf!   Blicke ziehen dich aus.
             Du fühlst sie,
             nicht immer angenehm.
             Ich weiß es.
Pass auf!   Wünsche verfolgen dich.
             Du ahnst sie.
             Fühlst dich geschmeichelt.
             Ich weiß es.
Pass auf!   Sie wollen dich haben.
             Du bist unsicher,
             hast Angst.
             Der Preis ist hoch:
             Besitzen ohne Liebe.
             Ich weiß es!

             Ich bin ein Mann!
Pass auf!

Die weiteste Reise ist die zu sich selbst.

Widerspruch

Topfwurst!
Welch ein Genuss!

Topfwurst!
Viele Tiere sterben!

Topfwurst!
Es riecht nach Blut!

Topfwurst !
Welch ein Jammer
mit den Menschen.

Topfwurst!!!
Ich esse sie
für mein Leben gern.

Der Käsekuchen

Er lag auf einer Leiter,
wusste nicht mehr weiter.
Wollte hoch hinaus,
da ging ihm die Puste aus.
Nach oben war`s beschwerlich;
nach unten sehr gefährlich.
So lag er, still ergeben
und fristete sein Leben.
Es kam der Abend, kam die Nacht.
Keiner hat an ihn gedacht.

Der Morgen zeigt seine Helle.
Schnell sind die Vögel zur Stelle.
Sie erlösen ihn von seiner Qual.
Der Kuchen hat gar keine Wahl.

Was sagt uns das?
Nicht jeder Käsekuchen
ist zu Höherem berufen.
Wer nicht die Regeln kennt –
kopflos rennt,
von Dummheit besessen –
wird gefressen.

Die Zeit

Die Zeit geht und geht.
Wohin denn?
Ja, wohin geht sie?

Sie geht nicht weg.
Niemals!
Sie ist einfach überall.
Bei uns, in uns.
Sie bleibt niemals stehen,
ruht nie aus.

Mein Herz wird
einmal müde,
die Zeit nie.
Sie ist unendlich.
Ich nicht.

*☙ Der Herbstwind hat meinem
Schirm das Genick gebrochen.
Das nackte Gestell klagt an.
Wer bezahlt den Schaden? ❧*

Das letzte Blatt

Jeden Tag
hatte ich
voller Spannung
nach meinem Baum gesehen.

Lustig,
wie mein Blatt sich bewegte, drehte.
Nicht müde wurde des Spiels.
Saß fest,
hatte ich gemeint,
gehofft.
Bis heute morgen!

Eben segelte es,
leicht schaukelnd,
an meinem Fenster
vorbei zur Erde.
Die Morgensonne
hüllte es
festlich ein.

Ein letzter Gruß!

Geborgensein

Es TRÖPFELT
nur noch vom Himmel.
Der große Regen
ist vorbei.
Gott sei Dank!
Das LOCH
in meinem Dach
habe ich
immer noch nicht
GEFLICKT!
Nicht nur aus Nachlässigkeit.
Hörbar
klatschen die Tropfen
in meinen Eimer.
KLACK!
KLACK!
KLACK!
Noch läuft
der Eimer nicht über.
Beruhigender Rhythmus.
Einschläfernd!
Fühle Geborgenheit.
Das Loch im Dach?
Es hat Zeit!

*☙ Zurückschlagen ohne
zu überlegen,
gleich einer Tat,
die keine Sühne will. ☙*

Impressionen eines scheidenden Winters

I
Kaltes Blau spannt sich
über den Märzhimmel.
Steigbügelhalter eines
altersschwachen Winters.

Trotz Hinfälligkeit will er es
noch einmal wissen.
Unglaublich!
Es schneit!

II
Schneeflocken tanzen lustig,
sacht, ganz sacht auf die
frühlingsbereite Erde und
decken sie zu.

Wir versuchen sie zu fangen.
Tanzen ausgelassen
ihren Reigen mit.
Wollen sie halten.

Oh weh!
Sie zergehen.
Werden zu Wasser.
Abschiedstränen des Winters.

III
Winter, nimm deine Beine in die Hand.
Spürst du nicht des
Frühlings warmen Atem?

Oder willst du ganz zerfließen,
schadenfroh verlacht werden?
Lass es gut sein und
geh mit Würde.

Angst!

Hochexplosive Himmelsstimmung.
Es blitzt und kracht.
Es bebt die Erde,
vibriert der Himmel.
Eine glutrote Kuppel
wölbt sich über mir.
Es hallt in den Ohren.
Mein Kopf droht zu platzen.

Helligkeit kämpft
gegen Dunkelheit.
Luft verbrennt.
Rieche des Teufels Atem.
Die Angst
nimmt mich gefangen,
drückt mir die Kehle zu.
Wohin?

*⁕ Eine geistige Geburt
ist keine Strecke
von A bis B.
Sie ist endlos. ⁕*

Du

Je ferner ich von Dir bin,
je näher spüre ich Dich.

Lass mich dich trinken –
ich bin Dir so nah –
mich in Dir versinken.
Ich bin für Dich da.

Liebesferne
ist Sehnsucht
auf morgen.

Viele Gemeinsamkeiten
nennen wir unser Eigen,
schmelzen uns zusammen.
Eine Schweißnaht der Gefühle.
Ohne gemeinsam Erlebtes
könnten wir nicht sagen:
Erinnerst du Dich?
Liebe braucht Erinnerungen.

     *Das größte Rätsel auf Erden
ist das Leben.
Es bis zum letzten Punkt
zu lösen, wird nie gelingen.
Es wäre das Ende der
Menschheit.*

Abschied I

Ihr Lächeln –
in sich gekehrt, wissend.
Fröhlichkeit in ihren Augen
macht uns
den Abschied von den Wellen,
von der Ostsee,
von den Wünschen
unseres Herzens leicht.
Fühlen uns reich beschenkt.

Abschied II

Geläutertes Wissen
und tiefe Gefühle
bestimmten unsere Stunden.
Wir griffen
nach den Sternen.
Lebten den Augenblick!
Für Tränen war kein Platz.

ᛞ *Wenn die Jugend*
sich verabschiedet,
ist noch lange nicht Schluss
mit der Fähigkeit zu lieben.
Die Form ändert sich,
nicht der Inhalt. ᛞ

Mein Strandkorb

Lange war ich nicht an der See in meinem Strandkorb gewesen. Das letzte Mal am Sommeranfang. Jetzt ist es Herbst, die Saison schon lange vorbei.
Wie mag es ihm gehen?
Er war damals schon altersschwach, sein Geflecht grau, an vielen Stellen brüchig. Auch wenn der Wind durchpfiff, ich fand ihn immer einladend, kuschelig und beschützend.
Hier im Angesicht des Meeres habe ich gelacht, geliebt, geträumt.
Ich schaue mich um, nirgendwo kann ich ihn erblicken. Wurde er schon ausgemustert?
Ich gehe am Strand entlang, finde ihn. Umgekippt, halb im Wasser, schräg in den Sand geschoben.
Mir tut das Herz weh. Setze mich auf ihn, will Kontakt haben. Halte Zwiesprache, ich weiß nicht, wie lange.
Die Schatten werden immer länger, wir müssen Abschied nehmen. Ich stecke behutsam einen Zweig in sein Geflecht. Dort, wo die letzten Sonnenstrahlen ihn wärmend berühren. Knüpfe andächtig mein Taschentuch daran.
Hoffe, dass eine große Welle ihn ins Meer ziehen wird, wünsche ihm eine gute Reise.
Er war mir ein Stück Heimat. Ein Wiedersehen wird es nicht geben. In Gedanken werde ich oft bei ihm sein.

Allen alles – nicht da

Sie gönnte allen alles.
Gab vielen viel.
Sich selbst nahm sie nichts.
Als sie starb, war sie namenlos.
Keiner wollte sie kennen.
Sie wurde verscharrt...
Einer nahm sie auf!

Ja, das ist er ...

der allerschönste Augenblick,
nach
dem Sturm der Zärtlichkeiten,
dem Akkord der Sinne,
und
dem Gleichklang der Herzen.

Das Schweben im zeitlosen Raum.

Du atmest
dies unendliche Glücksgefühl.
Wohltuend
umfließen dich Wellen der Wärme.
Du spürst
die zärtliche Berührung deiner Geliebten.
Träumst in ihren Armen
den Traum der
ewigen Liebe.

*☙ Ist der Montag da,
denken wir an den Sonntag.
Ist der Sonntag da,
denken wir an die Woche.
Wir haben es verlernt,
den Tag zu genießen. ☙*

Küsse

Hab sie in den Wind
gehaucht,
der sie mir zärtlich
vom Munde nahm.

Hab sie den Wolken
aufgeladen,
die deine Richtung
nahmen.
Sie tragen meine
Sehnsucht.

Ein kühler Windhauch
wird dich berühren,
dich hartnäckig,
beinahe aufdringlich
umschmeicheln.

Fang ihn!
Spürst du mich?

Spürst du sie,
die Küsse von mir?

Die Falte

Neulich
entdeckte ich
in ihrem Gesicht
eine neue Falte.
Sie merkte es,
wurde verlegen.
Ich küsste sie.
Sie lächelte.

Stille des Augenblicks

Sie legte ihre Hand,
auf meinen Mund.
Wollte noch so viel sagen.
Meinte, es wäre wichtig.
Merkte gar nicht,
wie ich die Stille des
Augenblicks störte,
die sich schützend
um uns gelegt.

Sie sah mich bittend an.
Komm!
Lass uns die Stille genießen.
Trat näher heran.
Fühlten unsere Stille,
diesen Augenblick..
Auf einmal war,
was ich sagen wollte,
nicht mehr wichtig.

Noch Edith

Ich bin dünnhäutig geworden.
Ausgebrannt!
Um mich herum Mauern.
Suche ein Loch!
Suche den Lichtstrahl,
der mich führt,
meine Qualen beendet.

EDITH steht überall mit
großen Buchstaben
geschrieben,
lesbar nur für mich.

Die Zeit nimmt den
Zeilen das Licht.
Eines Tages scheint das Wort
verblasst.

Für mich bleibt es
immer lesbar.

*❧ Der Geruch des Waldes
ist so intim wie der Schweiß
meiner Freundin. ❧*

Neu orientieren

Kriege die Kurve nicht!
Bin außermittig.
Einfach weggerutscht.
Aus der Bahn geworfen.

Statt Lebenskreise ziehen,
sich verwirklichen:
Zwangsruhe!
Liegen – liegen – liegen.

Weiß nur, dass ich lebe,
mit dem Schicksal einen
Pakt schließe.
Einfach annehmen,
ohne Kommentar.

Will Kraft tanken!
Aufstehen!
Mich
neu orientieren.

Karl Krüger

1923 geboren in Stettin

Lehre als technischer Zeichner

Kriegsdienst

Arbeit im Schuldienst

Pädagogik- und Sportstudium in Leipzig

Zirkelleiter Malerei und Graphik

Zirkelleiter Plastik und Keramik

Leiter Kleine Galerie in Templin

Fachberater für Kunst in Templin

seit 1985 künstlerische Arbeiten in den Bereichen Malerei, Graphik und Plastik

seit 1999 literarische Versuche in Lyrik und Prosa

Mitglied der Uckermärkischen Literaturgesellschaft e.V.

Mein Dank

„Schreibe! Du musst diese Zeit, diese Probleme abarbeiten, dann siehst du nicht nur die Sonne, du fühlst sie!"
Diese Lebenshilfe zur rechten Zeit gab mir Familie Kinzel.

Danke meinen Enkeln Anja, Bastian und Jan sowie meinen langjährigen Freundinnen Angelika und Iris für die Hilfe und Ausdauer beim Abschreiben und Durchsehen meiner Texte.

Danke den Marktfotografen in Angermünde für Augenmaß und Fingerspitzengefühl beim Layout und Fotografieren der Bilder. Danke dem Spiegelberg-Verlag und vor allem Dank an Gerlind Mittelstädt, sie war Initiatorin und Beraterin; ohne sie wäre dieses Buch nicht entstanden.

Ein besonderer Dank geht auch an die Mitarbeiterinnen des Café Schmidt in Angermünde, die uns unseren Arbeitsplatz immer frei gehalten haben.

Und allen Freunden und Helfern lieben Dank für ihre Geduld mit mir.

... wie rücksichtslos Mancher mit seinen Gedanken und Wünschen umgeht, dass er sie wie Hühner immer wieder in den Stall zurückscheucht ...

(von Karl ausgesprochen, von Gerlind aufgeschrieben)